LAMARTINE

PARIS. — IMP. SIMON RAÇON ET COMP., RUE D'ERFURTH, 1

LAMARTINE

DISCOURS

PRONONCÉ A LA RÉUNION PUBLIQUE

du 2 mai 1869

AU PROFIT DE LA SOUSCRIPTION POUR LA STATUE DU POÈTE

PAR

VICTOR DE LAPRADE

DE L'ACADÉMIE FRANÇAISE

PARIS

LIBRAIRIE ACADÉMIQUE

DIDIER ET Cⁱᵉ, LIBRAIRES-ÉDITEURS

35, QUAI DES AUGUSTINS, 35

1869

—

Tous droits réservés

LAMARTINE

DISCOURS

PRONONCÉ A LA RÉUNION PUBLIQUE TENUE LE 2 MAI, AU PROFIT DE LA SOUSCRIPTION POUR LA STATUE DU POËTE

MESSIEURS,

Nous sommes assemblés ici pour honorer un grand poëte, un grand citoyen, osons le dire, un véritable grand homme. Lamartine fut un de ces nobles génies qui font mieux que nous charmer, qui nous élèvent au-dessus de nous-mêmes, qui nous emportent jusqu'aux plus hautes régions de l'esprit.

S'il a des égaux dans ce vaste monde des lettres, il n'a pas de maître. Il a fait son domaine non point d'une des formes de l'art, mais de tous les sentiments qui sont l'essence même de la poésie. Ces nobles émotions, ces hautes idées, Lamartine les exprime en des vers d'une telle harmonie, que jamais la langue française, jamais la langue de Fénelon et de Racine n'a chanté aussi mélodieusement que sur ses lèvres. Son style est fait tout entier de musique, comme toute sa pensée est faite de poésie.

De toutes les idées dont il s'est rendu l'interprète, il a su choisir la fleur immortelle. Sur tous les modes qu'il emploie il fait parler toujours la portion divine du cœur humain.

Écoutez le langage de l'amour dans les *Méditations*, dans *Jocelyn*, dans les *Harmonies!* Toutes les voix les plus douces du paysage, tous les soupirs les plus purs, tous les murmures les plus éthérés qui sortent des choses accompagnent la voix du poëte. Mais sommes-nous bien dans un paysage et sur notre globe? au bord d'un lac et sous les sapins des Alpes? sur la plage sonore de la mer de Sorrente? ne sommes-nous pas dans une région plus haute encore et plus sereine que les admirables sites traversés par Elvire, par Laurence et par Graziella? n'est-ce pas entre terre et ciel, pour ainsi dire, que le poëte a placé la scène de ses amours? Les âmes enchanteresses qui dialoguent dans ces divines solitudes sont-elles de notre temps, sont-elles de notre race, sont-elles revêtues de notre grossière enveloppe? Elles sont vraies, pourtant, elles ont vécu; chacun de nous les a entrevues à l'heure la meilleure de sa jeunesse; et, néanmoins, elles semblent appartenir à une famille d'êtres immatériels qui n'ont de commun avec nous que les larmes et les sourires, et qui se balancent sur des ailes tandis que nos pieds nous enchaînent sur le sol.

Non moins célestes que Béatrice, elles ont plus de réalité. Les larmes du poëte attestent qu'elles ont aimé, qu'elles ont souffert. Elles ont passé avec leur amant sur les bruyères des hautes cimes et sur les sentiers jonchés de feuilles flétries. Mais, tout à coup, dans un vol rapide, elles entraînent le poëte qu'elles avaient suivi ; elles l'enlèvent de terre ; elles emportent son. âme vers des sphères aussi merveilleuses que les sphères visitées par l'Alighieri.

Toute la poésie de Lamartine est un essor perpétuel vers un monde supérieur ; la réalité n'est pour lui qu'un marchepied vers l'idéal. De tous les sujets qu'il touche, de toutes les passions qui l'agitent, il s'élance au milieu des divins problèmes, au milieu des sublimes inquiétudes qui agrandissent l'âme humaine et qui lui révèlent ses immortelles destinées.

Le sentiment de la nature, la contemplation

de l'univers, qu'il a compris, qu'il a senti comme pas un de nos poëtes, prennent chez lui la même voie que l'amour et les agitations du cœur ; ils l'aident à s'envoler au-dessus du monde visible ; ils le conduisent, à travers ces milliers de mondes qui peuplent l'immensité, jusqu'au principe de tous les mondes, jusqu'à cette source de tous les êtres que le religieux poëte n'a pas craint de nommer et d'adorer par son nom.

Nul ne l'a dépassé, nul ne l'a égalé dans cette contemplation sereine, dans cette profonde pénétration du grand spectacle de la nature. Jean-Jacques Rousseau, Bernardin de Saint-Pierre, Chateaubriand lui-même s'étaient arrêtés sur le seuil de cet infini. Lamartine s'y précipite à plein vol ; il a l'œil plus perçant et de plus larges ailes ; et, pour raconter les splendeurs qu'il découvre, il possède, comme nul autre avant lui, cette langue des vers, cette langue mélodieuse et sonore, la seule qui semble faite pour interpréter dignement les grandes harmonies de la nature.

A tous les sentiments exprimés par d'autres poëtes, sa voix incomparable ajoute une vibration plus profonde et plus douce, quelque chose de plus élevé et de plus pur, de plus humain à la fois et de plus divin. Ne semblait-il pas impossible, après Racine, d'ajouter une seule note au langage de la tendresse passionnée et de l'amour délicat? Écoutez l'hymne qui s'exhale de la bouche de Lamartine avec les noms de Laurence et d'Elvire, et dites si le poëte du dix-neuvième siècle n'a pas trouvé une nouvelle corde dans ce sentiment éternel?

La Muse française après Corneille n'avait-elle pas tout dit sur le patriotisme, la haute morale, les grands devoirs de l'homme vis-à-vis de l'humanité? Relisez l'Ode sur les révolutions, la Réponse à Némésis, la Marseillaise de la paix. Écoutez parler cette ardente charité sociale, et vous nous direz si l'âme humaine n'apparaît pas plus grande et plus véritablement héroïque dans ces sentiments de pardon et de fraternité universelle, que dans le farouche patriotisme des Horaces et d'Émilie?

Cette élévation sereine, cet esprit pacifique, cette générosité qui respirent dans les vers de Lamartine, on les retrouve dans toutes ses œuvres, dans toute sa vie. Chez lui, c'est l'âme du poëte qui a fait le cœur du citoyen : sa politique, c'est sa poésie en action. Voilà sa faiblesse, disent les ambitieux et les faux sages; et nous, en face de la postérité qui commence, nous oserons dire : Voilà sa grandeur !

Ah! sans doute, il aurait mieux valu pour son repos, pour la douceur d'une existence comblée de tous les dons, qu'il s'enfermât dans le paisible domaine des lettres, dans la sphère des poétiques rêveries. Certes, ces conseils d'égoïsme et de voluptueuse indifférence ne lui ont pas manqué : « Restez sous les ombrages de vos parcs, devant les chenets de vos manoirs; voyagez au bord des lacs de Suisse ou des mers d'Italie; agencez vos strophes et polissez vos rimes. Jouissez sans autres soucis de votre opulence et de votre gloire. Charmez de loin vos contemporains ; ne vous mêlez pas aux agitations et au travail de votre siècle ! Que venez-vous faire au sein de nos discordes et parmi les hommes de combat? » Voilà ce qu'on n'a cessé de lui dire de toutes parts. Et ce n'étaient pas seulement des ennemis et des envieux qui lui prêchaient ainsi la désertion des devoirs civiques; c'étaient aussi des amis, bien sincères peut-être, mais trop pusillanimes. Il n'a pas consenti à cette gloire sans périls, à ce bonheur sans devoirs qui lui étaient offerts. Il a voulu, comme s'il n'avait point de gloire acquise et point de fortune faite, il a voulu descendre dans l'arène commune, s'exposer à toutes les injures des événements et des hommes. Il était l'enchanteur de son siècle; il a voulu être un serviteur, un soldat de l'huma-

nité. Il a livré sa bataille politique et il a bien
fait ! Oui, malgré la défaite, malgré la ruine,
malgré les douleurs et l'abandon de ses dernières années, il a bien fait pour lui-même et
pour son pays !

Si grand que soit l'écrivain, si vives que
soient nos admirations pour ses pages immortelles, la France ne serait pas fière de Lamartine comme elle en est fière, si le poëte avait
étouffé en lui le citoyen. Nous-mêmes, nous
ressentirions, à cette heure, une émotion moins
profonde ; et peut-être nous ne serions pas
réunis pour rendre hommage à sa généreuse
mémoire.

Aux yeux de ceux qui mesurent la justice
d'une cause et la vérité d'une idée par le succès d'un homme, Lamartine ne fut qu'un rêveur, un vain adorateur de l'impossible ; sa
chute fut profonde du haut de ses nuages sur
nos dures réalités. Les uns l'accusent d'être
l'instigateur d'une révolution, et de l'avoir

laissé périr. Les autres lui contestent l'honneur, que toute la France lui attribue, d'avoir conjuré une révolution plus terrible. L'impartiale histoire l'absoudra du reproche d'avoir rien détruit; disons hardiment qu'il a fait plus que de conserver : il a créé tout un monde de nobles aspirations sociales; il a suscité les plus saintes espérances de concorde et de liberté.

Je sais qu'il ne reste rien en apparence de la forme politique à laquelle son nom est attaché, que son passage au pouvoir n'a rien fondé dans le pays, et n'a commencé pour lui-même que la ruine et la calomnie. Je sais que les hommes d'État comme lui ne laissent pas de dynastie ou de fortune princière, et qu'ils n'ont d'autre couronne à ceindre que la couronne d'épines! Je sais tout cela, messieurs, et j'ose affirmer devant vous, que pas un des politiques de nos jours n'a plus de droit à l'affection des amis de la liberté, aux sympathies de l'avenir, à la reconnaissance du peuple, que ce poëte, ce rêveur, ce vaincu qui s'appelle Lamartine !

Je n'ai pas besoin pour le glorifier de rappeler le souvenir qui fait sa gloire unique aux yeux de plusieurs; je n'insisterai pas sur le titre qu'on lui dispute le moins, sur cette immortelle journée où, dans une lutte surhumaine, son courage et son éloquence domptèrent des passions furieuses, et conservèrent à la France le drapeau qui la rassurait. La mission d'un pareil homme était moins de contenir les erreurs et les impatiences que d'exalter les nobles désirs. Si j'étais l'artiste chargé de le représenter sur le monument auquel nous apportons notre humble pierre, je ne le poserais pas dans l'attitude de la résistance, comme un homme qui repousse un assaut, comme un dieu qui refoule une tempête; je le montrerais le bras levé et la main tendue vers le ciel et vers l'avenir, comme un voyant qui indique à son peuple le chemin du progrès pacifique, de

la justice et de la liberté. Il n'était pas sans
doute de ces pilotes inflexibles faits pour tenir
le gouvernail pendant la tourmente ; il avait
reçu la mission non moins belle d'inspirer aux
matelots le courage, l'union fraternelle et l'es-
pérance, la mission de lire dans les étoiles la
route du glorieux navire qui porte les destins
de l'humanité.

Dans son court passage aux affaires publiques,
cause première, cause sacrée du désastre de ses
affaires privées, il a bien mérité de tous les par-
tis. La France le lui disait alors avec acclamation ;
elle n'a pas le droit de l'oublier aujourd'hui.
Mais la bannière qu'il a surtout servie en l'il-
lustrant, c'est la bannière du gouvernement
libre et populaire. Je ne veux rien dire ici qui
diminue l'importance et l'honneur des citoyens
qu'il eut pour collègues dans cette magistrature,
investie par les événements de la charge d'inau-
gurer parmi nous la seconde république. J'ose
du moins affirmer que le nom de Lamartine,

placé en tête de tous ces noms, fut le prestige qui écarta les terreurs de la France conservatrice et libérale, et qui détermina l'adhésion du plus grand nombre au gouvernement nouveau.

De ce gouvernement, éphémère, mais sans tache, Lamartine fut la parure aux yeux de l'Europe, la force dans l'opinion du pays. Sa présence était un gage certain contre le retour de la guerre et des mesures violentes. L'incomparable manifeste par lequel il annonçait au monde les intentions pacifiques de la France nouvelle restera dans l'histoire comme un des plus beaux monuments de l'éloquence, de la droiture et de la clairvoyance politiques.

L'homme de cet acte, l'homme dont la merveilleuse parole ne s'éleva jamais, dans ces jours difficiles, que pour prêcher le respect de tous les intérêts et l'union de tous les cœurs, pour proscrire la guerre et la peine de mort ; le poëte qui a fait servir sa gloire et son génie à l'honneur d'une révolution sans excès, n'est pas un

fondateur sans doute, mais l'avenir l'honorera
comme un précurseur. A la place de ces noms
sanglants qu'on accole depuis le dernier siècle
au nom de la liberté comme un signe de terreur,
son nom pur, souriant et pacifique brillera sur
la nouvelle ère de la démocratie comme un
gage de modération, de justice et de concorde.

Il n'a pas mêlé à sa politique des calculs per-
sonnels, des ressentiments ou des convoitises ;
il y a mis, comme dans sa poésie si haute et si
pure, il y a mis son âme tout entière, une des
plus belles âmes qui soient sorties des mains de
Dieu, une âme qui a traversé la vie sans une
heure de haine, qui n'a sacrifié aux nobles am-
bitions de l'homme public que les intérêts de
l'homme privé.

Tel il s'est montré dans sa carrière de citoyen,
tel il était dans ses relations avec ses amis, avec
tous ceux qui l'ont connu. La bienveillance était
pour lui un besoin ; il était contraint à la sym-

pathie envers tous par l'élévation de son génie
et par la générosité de son cœur.

Le plus grand reproche qu'on ait adressé à
son court ministère, c'est de n'avoir pas violem-
ment rompu avec certain de ses collègues, c'est
de n'être entré en guerre avec personne ; le
plus grand vice des histoires qu'il a écrites, c'est
l'indulgence de ses jugements. En un mot, son
défaut suprême c'est de n'avoir jamais pu haïr,
D'un crime pareil nous ne chercherons pas à le
défendre.

Il n'était pas né pour le gouvernement, je le
reconnais ; car il n'a jamais su fermer son cœur
à aucun homme, son esprit à aucune grande
idée. Son âme restait ouverte à tous, comme
ses mains généreuses ; il a laissé couler par
terre, sans rien retenir, son pouvoir, sa popularité, sa fortune.

Nous, les témoins de sa vie, nous savons ce
qu'elle est devenue, cette fortune ! sans essayer
de dénombrer combien de mains reconnais-

santes ou ingrates elle est allée remplir goutte à goutte.

Oui, certes, il a mérité les reproches et les railleries de nos hommes d'État et de nos hommes d'affaires : il était né riche, il a travaillé jusqu'à l'extrême vieillesse... et il est mort pauvre !

Le labeur acharné, les efforts surhumains de ses dernières années n'ont pu lui faire ressaisir la sécurité... pas plus qu'ils n'ont pu faire taire les calomnies.

Sa fortune s'est écroulée sans retour. Mais vous êtes là, messieurs, pour témoigner que sa popularité se réveille plus éclatante que jamais !

Quant à son pouvoir, il est immortel ! Il survit tout entier dans sa poésie, dans ses incomparables discours, dans les souvenirs de sa bonté et de son courage ; il durera autant que notre langue, autant que notre histoire.

Ce que Lamartine aura le moins obtenu, c'est ce que mérite le plus humble des travailleurs,

le plus obscur des honnêtes gens, un peu de
repos dans la vieillesse. Voilà pour ses amis le
sujet d'un regret éternel, et, peut-être, d'un
éternel reproche pour son temps et pour son
pays.

Mais ce qui a manqué à son bonheur, sa
gloire le retrouvera ; cette gloire est, dès aujourd'hui, plus sympathique et plus touchante.
Les labeurs des dernières années, les attaques
et les désastres subis, donneront à la figure de
Lamartine cette beauté plus achevée, que le
malheur ajoute à la mémoire des grands
hommes.

Après les succès éclatants d'une carrière et
d'une nature privilégiées, il fallait qu'il connût,
lui aussi, les amertumes et qu'il souffrît des in-
justices. La destinée lui réservait le pire de tous
les exils, un exil dans le dénigrement et dans
l'oubli ; afin de mieux assortir son histoire avec
celle d'un autre grand poëte, son frère d'ar-
mes et son ami, afin que dans les annales de la

poésie et dans celles de la liberté deux noms restassent inséparables : Lamartine ! Victor Hugo !

Et maintenant toutes ces tristesses sont consommées ; les amis du poëte et du citoyen n'ont plus rien à tenter pour son bonheur. Ce n'est pas même de sa renommée qu'il s'agit : quoi qu'il arrive, cette renommée est irrévocable, elle est immortelle. Le monument auquel nous travaillons importe moins à la gloire de Lamartine qu'à l'honneur de notre pays. Il s'agit d'absoudre la France de tout reproche d'ingratitude.

Vous l'avez compris, messieurs, en vous associant à la pensée qui préside à cette réunion, vous êtes venu ici pour remplir un patriotique devoir, non moins que pour chercher un plaisir délicat. Vous aurez les jouissances de l'esprit avec la satisfaction du cœur. Vous allez entendre des vers admirables, interprétés par une grande artiste qui a déjà rendu tant de services à la poésie et qui vient faire ici le plus digne office de son noble talent.

La poésie de Lamartine va se présenter à vous vivante, animée, parée de tous les charmes d'une diction harmonieuse. C'est l'œuvre de l'illustre écrivain qui vous a conviés à cette réunion; c'est elle qui en fera tout le prix. Vous avez apporté votre offrande pour le bronze de la statue; mais le grand homme lui-même en demeure le véritable ouvrier. Ainsi que dans la fable antique, c'est la lyre du poëte qui aura bâti son monument. Mais c'est vous qui en goûterez la joie et l'orgueil; car vous aurez prouvé que la France du dix-neuvième siècle était digne de toutes ses gloires et qu'elle a partagé tous les généreux sentiments.

FUNÉRAILLES DE LAMARTINE

Lamartine est mort. La France a perdu son plus grand poëte, le plus beau génie qui ait fait la splendeur de ce siècle avec le génie de Chateaubriand. Prenons le deuil et prions. Ce n'est pas l'heure de juger, d'expliquer cette âme ou de la défendre. L'admiration et la critique doivent laisser la place à la douleur nationale et à l'émotion chrétienne. De tout ce que fut Lamartine, une seule chose suffit à nous remplir le cœur en ce moment. Il a été par excellence, non-seulement de nos jours,

mais dans toute la durée des lettres françaises,
le poëte religieux. Pas une lyre humaine, depuis celle du roi-prophète, n'a parlé plus ma-
gnifiquement que la sienne, de Dieu, de l'immortalité, de l'infini. C'est par là surtout que
cette voix incomparable nous a conquis et
nous a dominés. Pendant le funèbre cortége,
toutes ces hymnes remplies d'adoration et de
larmes se déployaient dans notre souvenir et
murmuraient sur nos lèvres comme une prière
digne de lui.

Un jour, dans tout l'éclat de sa gloire, dans
toute la vigueur de son génie, il avait prononcé
ees solennelles paroles :

O Dieu de mon berceau, sois le Dieu de ma tombe!

Ce Dieu a entendu son serment ; il a exaucé
son vœu ; il était présent à son lit de mort. Les
amis du poëte savent qu'il avait appelé le
Christ à son aide longtemps avant l'heure du

dernier combat. Il est mort, il a été enseveli dans le Christ. Cette grâce suprême était due à l'homme qui a rétabli dans la poésie française le nom du Christ, le sentiment de la Providence et la contemplation de l'infini. Quelle poésie nous a montré plus clairement que celle de Lamartine l'idée de Dieu à travers les splendeurs de la création? laquelle a suscité plus haut dans les cœurs la certitude de l'immortalité?

Sitôt que la voix de Lamartine s'est élevée, la frivole ironie a cessé de maîtriser les esprits; par lui, le lendemain du dix-huitième siècle, l'art des vers s'est mis au service de la prière. Cette foule suspendue à ses lèvres, enivrée de ses sublimes harmonies, le poëte l'a conduite jusqu'au seuil du temple qu'elle avait délaissé. Il y est entré devant elle et s'est prosterné dans le sanctuaire aux yeux de tous.

Tout ce qui est au pouvoir d'un homme pour transformer les sentiments humains après une crise mortelle et les ricanements de Voltaire, Lamartine l'a opéré dans les âmes par les *Méditations* et les *Harmonies*. Il ne fut pas seulement un poëte, il fut la poésie elle-même reparue et reprenant son éternelle mission, la mission d'enseigner et de guérir, la mission de nous consoler du réel en nous dévoilant l'idéal.

Qu'il soit béni au nom de ces milliers d'âmes emportées sur ses ailes loin des tristesses de la vie présente, au nom de tous ceux qui ont goûté par avance, en l'écoutant, les extases de l'immortalité et le spectacle de l'infini !

Le silence qu'il avait demandé a été religieusement observé sur sa tombe. La prière chrétienne s'est faite seule entendre pendant ses funérailles. Le plus éloquent de nos prêtres, le P. Hyacinthe, avait fait la levée du corps au chalet de Passy. C'est à Mâcon, dans la ville natale du poëte, que les véritables obsèques ont commencé. Le cercueil avait traversé Paris sans autre suite qu'une douzaine d'amis et de

parents. Trente personnes au plus l'attendaient
à la gare. L'incognito de l'illustre mort était
respecté. La veille au soir, on était venu offrir
à la famille des funérailles faites par l'État ; elle
avait refusé.

C'est à Saint-Point directement que le corps
devait être conduit. Mais, si l'on avait pu dé-
rober ce cercueil aux hommages politiques, il
n'y avait pas moyen de le soustraire à ceux de
l'affection personnelle et du patriotisme local.
La ville de Mâcon s'était levée tout entière pour
demander qu'une première cérémonie funèbre
eût lieu chez elle. Au sortir de la gare, le jeudi
4 mars, le corps fut transporté à l'église Saint-
Vincent : l'église était trop petite ; la foule en-
combrait la place et les rues voisines. Cette im-
mense multitude a escorté le convoi jusqu'au
delà des barrières de la ville. A la suite du cercueil, on avait vu entrer dans l'église M. Émile
Augier, directeur, et M. Jules Sandeau, chan-
celier de l'Académie française. Leur costume est

le seul officiel qui ait paru à la cérémonie avec les uniformes militaires. Les autorités suivaient le deuil, mêlées à la population. L'Académie française a honoré le poëte et s'est honorée elle-même, dans cette circonstance, par une éclatante dérogation à ses usages. Jamais les membres du bureau ne s'étaient transportés à une si grande distance de Paris. Par respect pour les volontés de l'illustre mort, le directeur de l'Académie a renoncé à son droit d'être entendu sur cette tombe. Le silence était dès lors imposé à tous.

C'est au sortir de la ville que les funérailles ont pris leur caractère le plus touchant et que des hommages passionnés ont été rendus à l'homme par une foule qui n'avait pas connu de lui son génie, mais sa bonté. Toutes les populations rurales, à une grande distance, étaient accourues sur la route. La campagne était couverte de neige, mais éclairée d'un soleil splendide. Chaque commune, son curé en tête, es-

cortait le char jusqu'aux limites de son terri-
toire. En passant devant Monceaux, Milly et sur
quelques autres points, les habitants se faisaient
ouvrir le corbillard pour jeter de l'eau bénite
sur le cercueil, et les femmes l'embrassaient
en sanglotant. « Qu'allons-nous devenir, nous
avons perdu notre bon monsieur ! » Ces sim-
ples paroles, dites par des milliers de bou-
ches qui n'ont jamais récité un seul vers des
Méditations ou de *Jocelyn*, valent bien des
oraisons funèbres, et peignent mieux que tous
les discours le vrai Lamartine. Sous le grand
poëte il y avait un homme de cœur ardemment
attaché à ces populations et à ce sol.

Retardé par la marche de la foule, le convoi
a mis près de cinq heures pour franchir les
25 kilomètres qui séparent Mâcon de Saint-
Point. Tous les villages des environs jusqu'au
delà de Cluny étaient accourus ; le parc du châ-
teau était rempli d'hommes, de femmes, même
d'enfants.

A deux heures, Lamartine était couché dans le sépulcre élevé par lui, entre sa mère, sa femme et sa fille.

Et maintenant la postérité commence pour le poëte, pour l'orateur, pour le citoyen. Les amis fidèles et les disciples de Lamartine ne craignent pas pour lui le jugement de l'avenir. Plus les ombres se dissiperont autour de cette noble figure, et plus elle grandira. L'histoire triomphera d'une foule de légendes ridicules et envenimées qui circulèrent autour de son nom. Cette œuvre se fera peu à peu et par bien des ouvriers involontaires, sans parler des cœurs dévoués à cette chère mémoire. Aujourd'hui nous n'avons pas d'autre droit, d'autre devoir que celui de pleurer le maître et l'ami. La France fera comme nous. Jamais elle n'a mené un plus grand deuil.

PARIS. — IMP. SIMON RAÇON ET COMP., RUE D'ERFURTH, 1.